병아리 한글따라쓰기

지은이
배수현

가나북스

한·글·쓰·기·학·습·교·재

병아리 한글따라쓰기 

지은이 | 배수현

가나북스

병아리

한글따라쓰기 기초

ㄱ	ㄱ				ㄱ	
ㄴ	ㄴ				ㄴ	
ㄷ	ㄷ				ㄷ	
ㄹ	ㄹ				ㄹ	
ㅁ	ㅁ				ㅁ	
ㅂ	ㅂ				ㅂ	
ㅅ	ㅅ				ㅅ	
ㅇ	ㅇ				ㅇ	
ㅈ	ㅈ				ㅈ	
ㅊ	ㅊ				ㅊ	
ㅋ	ㅋ				ㅋ	
ㅌ	ㅌ				ㅌ	

:: 기초 ::

ㅍ	ㅍ				ㅍ	
ㅎ	ㅎ				ㅎ	
ㄲ	ㄲ				ㄲ	
ㄸ	ㄸ				ㄸ	
ㅃ	ㅃ				ㅃ	
ㅆ	ㅆ				ㅆ	
ㅉ	ㅉ				ㅉ	
ㄳ	ㄳ				ㄳ	
ㄵ	ㄵ				ㄵ	
ㄶ	ㄶ				ㄶ	
ㄺ	ㄺ				ㄺ	
ㄻ	ㄻ				ㄻ	

ㄿ	ㄿ				ㄿ	
ㅀ	ㅀ				ㅀ	
ㅄ	ㅄ				ㅄ	
ㅗ	ㅗ				ㅗ	
ㅑ	ㅑ				ㅑ	
ㅓ	ㅓ				ㅓ	
ㅕ	ㅕ				ㅕ	
ㅗ	ㅗ				ㅗ	
ㅛ	ㅛ				ㅛ	
ㅜ	ㅜ				ㅜ	
ㅠ	ㅠ				ㅠ	
ㅡ	ㅡ				ㅡ	

ㅣ	ㅣ			ㅣ		
ㅐ	ㅐ			ㅐ		
ㅒ	ㅒ			ㅒ		
ㅔ	ㅔ			ㅔ		
ㅖ	ㅖ			ㅖ		
ㅘ	ㅘ			ㅘ		
ㅚ	ㅚ			ㅚ		
ㅙ	ㅙ			ㅙ		
ㅝ	ㅝ			ㅝ		
ㅞ	ㅞ			ㅞ		
ㅟ	ㅟ			ㅟ		
ㅢ	ㅢ			ㅢ		

ㄱ ㄱ ㄱ

고 래 고 래 고 래

고 래 고 래 고 래

ㄴ①   ㄴ   ㄴ

노래   노래   노래

노래   노래   노래

ㄷ

두부

두부

ㄹ　　　　　ㄹ

리본　　리본　　리본

리본　　리본　　리본

ㅁ　　　ㅁ

모 자　　　모 자　　　모 자

모 자　　　모 자　　　모 자

ㅂ

| ㅂ | | | | ㅂ | |

바 지   바 지   바 지

바 지   바 지   바 지

사 자

사 자

ㅇ ㅇ ㅇ

우 유   우 유   우 유

우 유   우 유   우 유

ㅈ　ㅈ　　　　ㅈ

조개　　조개　　조개

조개　　조개　　조개

ㅊ ㅊ   ㅊ

고추   고추   고추

고추   고추   고추

:: 기초 ::   19

ㅋ　ㅋ　　　　ㅋ

코 끼 리　코 끼 리

코 끼 리　코 끼 리

ㅌ	ㅌ			ㅌ	

토	끼	토	끼	토	끼
토	끼	토	끼	토	끼

자음 · 모음 익히기

ㅍ   ㅍ

포 도   포 도   포 도

포 도   포 도   포 도

ㅎ　ㅎ　　　　ㅎ

하마　　하마　　하마

하마　　하마　　하마

ㅏ

가마

가마

ㅑ   ㅑ

야 구   야 구   야 구

야 구   야 구   야 구

:: 기초 ::   25

머리

머리

ㅕ   ㅕ

여 우   여 우   여 우

여 우   여 우   여 우

ㅗ

오 리　　오 리　　오 리

오 리　　오 리　　오 리

ㅛ

ㅛ

교 문

교 문

교 문

교 문

교 문

교 문

ㅜ

수 박   수 박   수 박

수 박   수 박   수 박

 병아리 한글따라쓰기

ㅠ

휴지

휴지 휴지 휴지

휴지 휴지 휴지

자음 · 모음 익히기

그 네

그 네

ㅣ ㅣ ㅣ ㅣ

기 차   기 차   기 차

기 차   기 차   기 차

가	가				가	
갸	갸				갸	
거	거				거	
겨	겨				겨	
고	고				고	
교	교				교	
구	구				구	
규	규				규	
그	그				그	
기	기				기	
나	나				나	
냐	냐				냐	

너	너				너	
녀	녀				녀	
노	노				노	
뇨	뇨				뇨	
누	누				누	
뉴	뉴				뉴	
느	느				느	
니	니				니	
다	다				다	
댜	댜				댜	
더	더				더	
뎌	뎌				뎌	

도	도			도		
됴	됴			됴		
두	두			두		
듀	듀			듀		
드	드			드		
디	디			디		
라	라			라		
랴	랴			랴		
러	러			러		
려	려			려		
로	로			로		
료	료			료		

루	루				루	
류	류				류	
르	르				르	
리	리				리	
마	마				마	
먀	먀				먀	
머	머				머	
며	며				며	
모	모				모	
묘	묘				묘	
무	무				무	
뮤	뮤				뮤	

공부한 날   월   일

므	므			므		
미	미			미		
바	바			바		
뱌	뱌			뱌		
버	버			버		
벼	벼			벼		
보	보			보		
뵤	뵤			뵤		
부	부			부		
뷰	뷰			뷰		
브	브			브		
비	비			비		

사	사				사		
샤	샤				샤		
서	서				서		
셔	셔				셔		
소	소				소		
쇼	쇼				쇼		
수	수				수		
슈	슈				슈		
스	스				스		
시	시				시		
아	아				아		
야	야				야		

어	어			어	
여	여			여	
오	오			오	
요	요			요	
우	우			우	
유	유			유	
으	으			으	
이	이			이	
자	자			자	
쟈	쟈			쟈	
저	저			저	
져	져			져	

조	조				조	
쬬	쬬				쬬	
주	주				주	
쥬	쥬				쥬	
즈	즈				즈	
지	지				지	
차	차				차	
챠	챠				챠	
처	처				처	
쳐	쳐				쳐	
초	초				초	
쵸	쵸				쵸	

추	추				추		
츄	츄				츄		
츠	츠				츠		
치	치				치		
카	카				카		
캬	캬				캬		
커	커				커		
켜	켜				켜		
코	코				코		
쿄	쿄				쿄		
쿠	쿠				쿠		
큐	큐				큐		

크	크			크		
키	키			키		
파	파			파		
파	파			파		
퍼	퍼			퍼		
펴	펴			펴		
포	포			포		
표	표			표		
푸	푸			푸		
퓨	퓨			퓨		
프	프			프		
피	피			피		

하	하				하		
햐	햐				햐		
허	허				허		
혀	혀				혀		
호	호				호		
효	효				효		
후	후				후		
휴	휴				휴		
흐	흐				흐		
히	히				히		

애	애			애		
얘	얘			얘		
에	에			에		
예	예			예		
와	와			와		
외	외			외		
왜	왜			왜		
워	워			워		
웨	웨			웨		
위	위			위		
의	의			의		

각	각				각	
갑	갑				갑	
강	강				강	
갖	갖				갖	
건	건				건	
걷	걷				걷	
것	것				것	
격	격				격	
겹	겹				겹	
경	경				경	
곡	곡				곡	
곤	곤				곤	

병아리 한글따라쓰기

:: 기초 ::

곧	곧				곧	
골	골				골	
곰	곰				곰	
곳	곳				곳	
공	공				공	
국	국				국	
군	군				군	
굳	굳				굳	
굴	굴				굴	
굽	굽				굽	
굿	굿				굿	
궁	궁				궁	

굿	굿			굿		
균	균			균		
귤	귤			귤		
겜	겜			겜		
갤	갤			갤		
갱	갱			갱		
낙	낙			낙		
난	난			난		
날	날			날		
남	남			남		
납	납			납		
낫	낫			낫		

낭	낭				낭	
낮	낮				낮	
낳	낳				낳	
넉	넉				넉	
넌	넌				넌	
널	널				널	
넝	넝				넝	
년	년				년	
녹	녹				녹	
논	논				논	
놀	놀				놀	
놈	놈				놈	

놉	놉			놉		
놋	놋			놋		
농	농			농		
높	높			높		
놓	놓			놓		
눅	눅			눅		
눈	눈			눈		
눌	눌			눌		
눕	눕			눕		
눔	눔			눔		
냄	냄			냄		
냇	냇			냇		

:: 기초 ::

닥	닥				닥		
단	단				단		
달	달				달		
답	답				답		
닷	닷				닷		
당	당				당		
닺	닺				닺		
덕	덕				덕		
덜	덜				덜		
덤	덤				덤		
덥	덥				덥		
덧	덧				덧		

덩	덩			덩		
독	독			독		
돈	돈			돈		
돋	돋			돋		
돌	돌			돌		
돔	돔			돔		
돕	돕			돕		
돗	돗			돗		
동	동			동		
둑	둑			둑		
둔	둔			둔		
둘	둘			둘		

:: 기초 ::

둠	둠				둠	
둡	둡				둡	
둣	둣				둣	
둥	둥				둥	
등	등				등	
락	락				락	
란	란				란	
랄	랄				랄	
람	람				람	
랍	랍				랍	
랏	랏				랏	
랑	랑				랑	

럭	럭			럭		
런	런			런		
련	련			련		
렵	렵			렵		
렷	렷			렷		
록	록			록		
론	론			론		
롤	롤			롤		
막	막			막		
만	만			만		
말	말			말		
맘	맘			맘		

맙	맙				맙		
맛	맛				맛		
망	망				망		
맞	맞				맞		
먹	먹				먹		
멋	멋				멋		
떡	떡				떡		
면	면				면		
떨	떨				떨		
멍	멍				멍		
몇	몇				몇		
목	목				목		

몬	몬				몬		
몰	몰				몰		
몸	몸				몸		
몹	몹				몹		
못	못				못		
몽	몽				몽		
묵	묵				묵		
문	문				문		
묻	묻				묻		
물	물				물		
뭄	뭄				뭄		
뭅	뭅				뭅		

뭇	뭇				뭇	
뭉	뭉				뭉	
박	박				박	
반	반				반	
받	받				받	
발	발				발	
밤	밤				밤	
밥	밥				밥	
밧	밧				밧	
방	방				방	
발	발				발	
벅	벅				벅	

받침글자 쓰기

번	번				번		
벌	벌				벌		
법	법				법		
벗	벗				벗		
벽	벽				벽		
변	변				변		
별	별				별		
병	병				병		
복	복				복		
본	본				본		
봄	봄				봄		
봉	봉				봉		

병아리 한글따라쓰기

북	북			북	
분	분			분	
불	불			불	
붐	붐			붐	
붓	붓			붓	
붕	붕			붕	
붙	붙			붙	
빛	빛			빛	
삭	삭			삭	
산	산			산	
살	살			살	
삼	삼			삼	

삽	삽				삽	
상	상				상	
석	석				석	
선	선				선	
설	설				설	
섬	섬				섬	
섭	섭				섭	
섯	섯				섯	
속	속				속	
손	손				손	
솔	솔				솔	
솜	솜				솜	

:: 기초 ::

숲	숲				숲	
숯	숯				숯	
송	송				송	
숙	숙				숙	
순	순				순	
술	술				술	
숨	숨				숨	
습	습				습	
숭	숭				숭	
숯	숯				숯	
숲	숲				숲	
식	식				식	

심	심				심	
십	십				십	
악	악				악	
안	안				안	
알	알				알	
암	암				암	
압	압				압	
앗	앗				앗	
앞	앞				앞	
억	억				억	
언	언				언	
엄	엄				엄	

업	업				업	
역	역				역	
연	연				연	
엿	엿				엿	
영	영				영	
옥	옥				옥	
온	온				온	
올	올				올	
옷	옷				옷	
옹	옹				옹	
욱	욱				욱	
운	운				운	

울	울				울		
움	움				움		
웃	웃				웃		
웅	웅				웅		
윤	윤				윤		
융	융				융		
읍	읍				읍		
액	액				액		
작	작				작		
잔	잔				잔		
잘	잘				잘		
잠	잠				잠		

잡	잡				잡		
장	장				장		
적	적				적		
전	전				전		
점	점				점		
접	접				접		
정	정				정		
젖	젖				젖		
족	족				족		
존	존				존		
종	종				종		
좋	좋				좋		

죽	죽				죽		
준	준				준		
줄	줄				줄		
줌	줌				줌		
줍	줍				줍		
줏	줏				줏		
중	중				중		
착	착				착		
찬	찬				찬		
찰	찰				찰		
참	참				참		
창	창				창		

척	척				척	
천	천				천	
철	철				철	
첫	첫				첫	
촉	촉				촉	
촌	촌				촌	
출	출				출	
촘	촘				촘	
촛	촛				촛	
총	총				총	
축	축				축	
춘	춘				춘	

출	출				출		
춤	춤				춤		
춥	춥				춥		
충	충				충		
책	책				책		
칸	칸				칸		
칼	칼				칼		
캄	캄				캄		
컨	컨				컨		
컵	컵				컵		
컹	컹				컹		
콕	콕				콕		

병아리 한글따라쓰기

콘	콘			콘		
콜	콜			콜		
콥	콥			콥		
콧	콧			콧		
콩	콩			콩		
쿵	쿵			쿵		
클	클			클		
캥	캥			캥		
탁	탁			탁		
탄	탄			탄		
탐	탐			탐		
탑	탑			탑		

탓	탓				탓	
탕	탕				탕	
턴	턴				턴	
털	털				털	
톤	톤				톤	
통	통				통	
툰	툰				툰	
툽	툽				툽	
툿	툿				툿	
택	택				택	
탬	탬				탬	
판	판				판	

팔	팔				팔		
팜	팜				팜		
편	편				편		
펼	펼				펼		
펌	펌				펌		
펏	펏				펏		
폭	폭				폭		
폼	폼				폼		
퐁	퐁				퐁		
푹	푹				푹		
풀	풀				풀		
품	품				품		

받침글자 쓰기

풋	풋				풋		
풍	풍				풍		
핀	핀				핀		
필	필				필		
핑	핑				핑		
펜	펜				펜		
팹	팹				팹		
학	학				학		
한	한				한		
할	할				할		
함	함				함		
합	합				합		

항	항				항	
향	향				향	
헌	헌				헌	
헐	헐				헐	
험	험				험	
혁	혁				혁	
현	현				현	
협	협				협	
혹	혹				혹	
혼	혼				혼	
홍	홍				홍	
훈	훈				훈	

받침글자 쓰기

훌	훌				훌	
흉	흉				흉	
핵	핵				핵	
휙	휙				휙	
깍	깍				깍	
깔	깔				깔	
깬	깬				깬	
꼭	꼭				꼭	
꽃	꽃				꽃	
꿀	꿀				꿀	
딱	딱				딱	
딸	딸				딸	

떤	떤				떤	
똑	똑				똑	
똘	똘				똘	
뚱	뚱				뚱	
띨	띨				띨	
뻔	뻔				뻔	
빰	빰				빰	
뿔	뿔				뿔	
뿡	뿡				뿡	
뿔	뿔				뿔	
씻	씻				씻	

나 너　나 너

나 너　나 너　나 너

우 리　우 리

우 리　우 리　우 리

아버지

아버지   아버지

어머니

어머니   어머니

인 사 　 인 사

인 사 　 인 사 　 인 사

안 녕 　 안 녕

안 녕 　 안 녕 　 안 녕

| | 선 | 생 | 님 | |
| | | | | |

선 생 님   선 생 님

| | 운 | 동 | 장 | |

운 동 장   운 동 장

| 아 | 침 | | 아 | 침 |
| 아 | 침 | 아 | 침 | 아 | 침 |

| 낮 | | 낮 | | 낮 |
| 낮 | 낮 | 낮 | 낮 | |

저녁　저녁

저녁　저녁　저녁

달밤　달밤

달밤　달밤　달밤

가 게	거 미	구 름
가 게	거 미	구 름
가 게	거 미	구 름

가	방		감	자		김	밥
가	방		감	자		김	밥
가	방		감	자		김	밥

가	로	수		고	구	마	
가	로	수		고	구	마	
가	로	수		고	구	마	

그	림	책		개	나	리
그	림	책		개	나	리
그	림	책		개	나	리

나 라	나 비	노 루
나 라	나 비	노 루
나 라	나 비	노 루

나팔꽃   너구리
나팔꽃   너구리

나팔꽃   너구리

달	당	근	도	시
달	당	근	도	시
달	당	근	도	시

다	리	미		도	깨	비	
다	리	미		도	깨	비	
다	리	미		도	깨	비	

기본 낱말 익히기

라	면		라	디	오	
라	면		라	디	오	
라	면		라	디	오	

마	을		모	래		먼	지
마	을		모	래		먼	지
마	을		모	래		먼	지

무	궁	화		바	구	니	
무	궁	화		바	구	니	
무	궁	화		바	구	니	

바	람		배	추		볼	펜
바	람		배	추		볼	펜
바	람		배	추		볼	펜

보 조 개　　복 숭 아

보 조 개　　복 숭 아

보 조 개　　복 숭 아

사랑   사과   소리
사랑   사과   소리

사랑   사과   소리

사	계	절		수	수	깡	
사	계	절		수	수	깡	
사	계	절		수	수	깡	

아 들   오 이   요 리
아 들   오 이   요 리

아 들   오 이   요 리

유	리	병		주	전	자	
유	리	병		주	전	자	
유	리	병		주	전	자	

장독대   항아리
장독대   항아리

장독대   항아리

공	책		연	필		필	통
공	책		연	필		필	통
공	책		연	필		필	통

병아리 한글따라쓰기

지우개   책가방
지우개   책가방

지우개   책가방

꽁	치		떡	볶	이		빵
꽁	치		떡	볶	이		빵
꽁	치		떡	볶	이		빵

쓰레기   쭈꾸미

쓰레기   쭈꾸미

쓰레기   쭈꾸미

사랑하는 미선에게

생일을 축하한다.

생일을 맞은 기분이

어떠니?

엄마는 미선이가

건강하고　착하게　잘

자라　주어서　정말

기쁜단다.

미선아　사랑해!

　　　　　○월　　○일

　　　　　　엄마가

어머니께

어머니께

오늘 제 생일에

오늘 제 생일에

엄마가 만들어 주신

엄마가 만들어 주신

음식과 과일을 맛있

음식과 과일을 맛있

게 먹었습니다.

게 먹었습니다.

앞으로 더 건강하
고 착하게 자라겠습
니다.

엄마 사랑해요.

○월 ○일

미선이 올림

	아	버	지	께			
	아	버	지	께			
아	버	지		그	동	안	안
아	버	지		그	동	안	안
녕	하	셨	어	요	?		
녕	하	셨	어	요	?		
오	늘	은		아	버	지	께
오	늘	은		아	버	지	께
편	지		쓰	기	가	숙	제	입
편	지		쓰	기	가	숙	제	입

니 다 .
니 다 .

아 버 지 와   저 는   대
아 버 지 와   저 는   대

화 할   시 간 이   적 다 는
화 할   시 간 이   적 다 는

것 이   참   아 쉽 습 니
것 이   참   아 쉽 습 니

다   그 러 나   돌 아 오 시
다   그 러 나   돌 아 오 시

면　꼭　숙제한　것도
면　꼭　숙제한　것도

챙겨주시는　자상하
챙겨주시는　자상하

신　아버지　저는　그
신　아버지　저는　그

런　아버지를　존경합
런　아버지를　존경합

니다.
니다.

	아	버	지		더	욱		힘	내
	아	버	지		더	욱		힘	내
시	고		또		건	강	하	셔	서
시	고		또		건	강	하	셔	서
	오	래	오	래		사	셔	요	.
	오	래	오	래		사	셔	요	.
					○	월		○	일
	딸		미	선	이		올	림	

별이리
한글따라쓰기 기초

초판 발행 | 2015년 5월 25일

지은이 | 배수현
디자인 | 김화현
제 작 | 송재호

펴낸곳 | 가나북스 www.gnbooks.co.kr
출판등록 | 제393-2009-000012호
전 화 | 031-408-8811(代)
팩 스 | 031-501-8811

ISBN 979-11-86562-01-7(03710)